Inhalt

Social Media Marketing - Aus Fans, Friends und Followern Kunden machen

Kernthesen

Beitrag

Fallbeispiele

Zahlen und Fakten

Weiterführende Literatur

Impressum

Social Media Marketing - Aus Fans, Friends und Followern Kunden machen

Anja Schneider

Kernthesen

- Im laufenden Jahr will die Hälfte der deutschen Unternehmen mehr für Social Media Marketing ausgeben, im Vorjahr waren es noch rund drei Viertel.
- Der Marketing-ROI (Return on Investment) wird auch bei Social Media Marketing immer wichtiger.
- Die Mediaagenturen haben sich für Social Media Marketing organisatorisch und personell fit gemacht, auch wenn noch nicht alles Gold ist was glänzt.

- Die Social Media Plattformen schaffen Funktionalitäten für Werbetreibende und beweisen diesbezüglich Performance, um Werbebudgets auf sich zu ziehen.

Beitrag

Gretchenfrage: Wie werden Fans, Friends und Follower zu Kunden?

Mit ihren Aktivitäten in Social Media verfolgen die Unternehmen unterschiedliche Ziele. Sie wollen die Bekanntheit des Unternehmens steigern, das Image pflegen oder verbessern oder verjüngen, ihre Marken bei potenziellen Käufern zur Wahrnehmung bringen, neue Zielgruppen erreichen oder Bestandskunden binden, ihren Kundenservice verbessern oder mit ihren Interessenten und Kunden in einen Dialog treten. Dafür investieren sie gezielt Werbegelder und die Budgets für Social Media Marketing steigen weiter, wenngleich die erste Euphorie verflogen scheint. Viele deutsche Unternehmen wollen zwar auch in diesem Jahr ihre Budgets für Social Media Werbung anheben, doch die Zahl dieser Unternehmen geht zurück. Laut einer Studie des Bundesverbands Digitale Wirtschaft will 2013 die

Hälfte der deutschen Unternehmen mehr für Social Media Marketing ausgeben, im Jahr zuvor waren es noch rund drei Viertel. (1)

Inzwischen scheint zunehmend nüchternes Zahlendenken einzukehren. Mit Click-Raten, Fan-Zahlen, Facebook-Likes alleine lassen sich Unternehmen, denen Social Media als Werbemedium angeboten wird, nicht mehr locken. Die sozialen Plattformen verlieren allmählich den Spielwiese-Charakter. Steigende Nutzerzahlen und hohe Reichweiten sind eines, die Messbarkeit von Social Media Marketing in Form von Umsatz steht auf einem anderen Blatt. Am Ende des Tages oder besser des Geschäftsjahres geht es ums Geschäft. Steht der Return-on-Invest auf in Social Marketing investierte Gelder schwarz auf weiß in den Büchern? Mit anderen Worten: Haben sich all die Fans, Friends und Follower in Dollar, Euro oder Yen ausgezahlt? Nur wer das den Werbeentscheidern nachweisen kann, wird ein Stück vom Werbebudgetkuchen abhaben können. (2), (3)

Das bringt Würze in den Wettbewerb um Werbegelder. Die Mediaagenturen, ihre Werbekunden, die Plattformanbieter und die Anbieter von unterstützenden Tools arbeiten fieberhaft daran, das Marketingpotenzial der schnell wachsenden Fangemeinden auf diversen Social Media Kanälen bestmöglich zu nutzen.

Agenturen: Social Media Marketing im Portfolio

Die Top 20 deutschen Mediaagenturen haben sich mittlerweile alle das Thema Social Media Marketing auf die Fahnen geschrieben und entsprechende Teams oder Units in ihren Unternehmensnetzwerken auf die Beine gestellt. In Zusammenarbeit mit den Auftraggebern werden Social Media Konzepte ersonnen, Facebook Advertising Kampagnen ausgetüftelt, Content generiert, mit den Unternehmen Regeln für ihre Mitarbeiter im Umgang mit Social Media definiert und Analysen und Auswertungen gefahren. Dialogmarketer sinnen darüber nach, wie für eine Marke der Dialog mit dem Nutzer der sozialen Netzwerke so gestaltet werden kann, dass er eine möglichst innige Beziehung zur Marke aufbaut und via Touchpoints im Web immer wieder auf sie stößt. (4), (5)

Dabei ist freilich der Einfluss von Social Media auf die Verkaufszahlen oft indirekt. Es ist möglicherweise sogar ratsam, stärker das Image eines Unternehmens zu bewerben als die Produkte direkt. Je besser es gelingt, das Unternehmen bei der Fangemeinde in sozialen Netzwerken zu etablieren, desto häufiger wird nach einer Marke gesucht. Wer in sozialen Netzwerken unterwegs ist, will mitmachen, mitsprechen, dabei sein. Der aktive User bewertet, kritisiert, empfiehlt, bringt seine eigenen Vorstellungen und Ideen ein. Diese Bereitschaft zum Mitmachen wird für das Marketing genutzt. Die Agenturen sorgen für mehr Social Commerce beispielsweise über Group-Buying-Aktionen auf sozialen Netzwerken, bei denen der Angebotspreis erst bei einer bestimmten Useranzahl zustande kommt. Sie entwickeln Curated-Shopping-Portale oder Crowdsourcing-Aktionen, über die Social Media User beispielsweise aufgefordert werden, am Design neuer Produkte mitzuarbeiten, Serviceleistungen oder Prozesse zu verbessern. (6), (7)

Doch es ist nicht alles Gold was glänzt. Es gibt auch kritische Stimmen hinsichtlich der Kompetenz der Agenturen in Sachen Social Media Marketing und allem was dazu gehört. Nachholbedarf wird insbesondere beim Content Marketing gesehen. Auch Facebook sieht noch Versäumnisse beim Kenntnisstand der Agenturen für die Werbemöglichkeiten und bietet seit einigen Monaten ein entsprechendes Schulungsprogramm an (Preferred-Marketing-Developer-Programm). (8), (1)

Werbetreibende: Eigene Begeisterung rüberbringen

Social Media ermöglichen den Unternehmern online den direkten Dialog mit Interessenten, Fans oder Kunden. Wenn sich für ein werbetreibendes Unternehmen sein Social Media-Engagement auszahlen soll, ist nicht nur Kreativität bei der Konzeptentwicklung, sondern auch Ausdauer im Tagesgeschäft gefragt. Facebook-Posts mit Links, Fotos, Videos müssen in kurzen Abständen online gestellt werden, Twitter-Kurznachrichten attraktiv verfasst und an geeigneten Stellen platziert werden, User-Anfragen am besten noch am gleichen Tag beantwortet werden. Freilich können hierbei technische Tools helfen, doch am wichtigsten ist kompetentes Personal in den Kommunikationsteams. Schnelle Antworten sind gefragt und Begeisterung für die eigene Marke sollte aus den Antworten sprühen - etwas, woran es laut einer Branchenstudie bei vielen Herstellern noch hapert. (11)

Plattformen: Like it versus Pin it!

Spielwiesen für den Dialog mit den Fans gibt es reichlich. Für die Agenturen und ihre Werbekunden gilt es, die für sie passenden sozialen Netzwerke auszuwählen. Wo trifft ein Unternehmen am ehesten seine kaufbereiten Fans? Auf Facebook, YouTube, Blog, Twitter, Google+, LinkedIn, Pinterest oder in einem lokalen Sozialen Netzwerk wie Foursquare? Der

Wettbewerb der Social Media Plattformen wird schärfer und jede will von den Werbebudgets möglichst viel für sich gewinnen.

Die Mediaagenturen sehen Facebook unangefochten als Platzhirsch. Facebooks Triumphkarte ist seine exorbitante Reichweite mit über einer Milliarde User weltweit und rund 24 Millionen Usern in Deutschland. Der Druck auf Facebook (nicht zuletzt seitens der Aktionäre) wächst, diese auch zu kommerzialisieren und zu monetarisieren. Als Werbeformen, die via Facebook besonders erfolgversprechend sind, gelten Sponsored User-Stories, Like your Check-In Place sowie Mobile Apps Ads und Inzentives, die "Friends" zum Mitmachen animieren (z.B. Preisbestimmungsaktionen, Aktionsprodukte mitbestimmen, Insiderinformationen erhalten, Super-Fans identifizieren und belohnen). Facebook arbeitet ständig daran, seinen Kunden das Werbeleben einfacher und fortschrittlicher zu gestalten, wie beispielsweise mit der neuen Suchfunktion Graph Search. Für das laufende Jahr wird erwartet, dass Facebook weiter wachsen wird, auch wenn sich das Wachstum abflachen dürfte. Paid Media werden zulegen, entscheidend für den weiteren Erfolg als Marketingkanal wird die mobile Zugänglichkeit von Content und Services sowie deren Monetarisierung sein. [Abb. 1], (12), (13), (14), (15)

Größter Konkurrent von Facebook ist der Kurznachrichtendienst Twitter. Er hat zwar deutlich weniger Nutzer, doch die Prognosen fürs Werbebusiness sind gut. Twitter zielt vor allem auf das mobile Werbegeschäft und hat hier momentan sogar die Nase vorn. Twitter-geeignete Werbeformen sind beispielsweise Promoted Tweets, also von Werbekunden gesponserte Nachrichten sowie Promoted Accounts, interessensbasierte Werbung und native Werbung. (12)

Nicht zu unterschätzen sind Marketingkanäle, die auf die Macht der Bilder setzen, wie beispielsweise YouTube, Flickr oder Pinterest. Während YouTube sich bereits etabliert hat, gilt Pinterest noch als Newcomer, dessen kommerzielles Potenzial die deutschen Marketingagenturen und Online-Händler noch nicht ausgeschöpft haben. Diese digitale Pinnwand fungiert als bildhaftes Empfehlungsnetzwerk nach dem Motto Zeige anderen, was Du toll findest - und sie werden es auch tun. Pinterest schaufelt derzeit immer mehr Traffic auf die Websites der Produktanbieter. Empfehlungen durch Pinterest sollen bereits mehr Datenverkehr in Webshops lenken als LinkedIn, Google+ und YouTube zusammen. Der Warenkorb soll bei Bestellungen via Pinterest zudem höher sein als bei jenen Kunden, die via Facebook oder Twitter in einem Webshop landen. Auch in Deutschland haben die ersten Händler die

Marktchancen erkannt, die ihnen dieser Social Media Kanal bringen könnte, so etwa Zalando, Tchibo oder Amazon. Doch noch nutzen hierzulande vergleichsweise wenige Shops das soziale Netzwerk als Zweitmarketingkanal und setzen auf ihrer Website einen Pinterest-Button, um über diesen Social Media Kanal Werbung für ihr Unternehmen, Produkte oder Dienstleistungen zu machen. (16), (12)

Es gibt inzwischen eine ganze Reihe von Social Media Tools (Content Management Systeme, Redaktionssysteme, Monitoringtools, Conversiontools etc.), die die Arbeit der Agenturen und der Unternehmen mit sozialen Netzwerken unterstützen können. Manche Agenturen setzen dabei auf hausinterne Tools, andere auf externe Anbieter. Auch die Suchmaschinenbetreiber, allen voran Google, beziehen Social Media Aktivitäten inzwischen stärker in ihre Bewertungs- und Selektionsalgorithmen ein. Über Links, Tweets und Shares in beziehungsweise über Social Networks können Unternehmen ihr Suchmaschinen-Ranking verbessern. Gearbeitet wird an schnelleren Login-Lösungen und an Big Data-Projekten, in denen Kundendaten gesammelt, analysiert und ausgewertet werden, an Tools zur Analyse von Texten und Bildern. In diese Richtung weist Facebooks Graph Search und auch Google arbeitet an Bildanalysesystemen. Vor kurzem stellte Swipp die weltweit erste Plattform für Social

Intelligence vor, die gezielt die Meinungen und Bewertungen seiner Nutzer einholt und die Ergebnisse von vornherein der Werbewirtschaft verkauft. (17), (18), (19), (20), (21)

User: die größte Hürde

Die Agenturen, ihre Werbekunden und die Plattformanbieter haben als größte Hürde den Social Media User selbst. Denn auch wer sich gerne vernetzt, seine Ansichten veröffentlicht und mit seinen Freunden teilt, schätzt es unter Umständen nicht, während seines Aufenthalts im sozialen Netzwerk von schnöder Produktwerbung belästigt zu werden. Platte Bannerwerbung wird oftmals nicht beachtet oder schnell als störend empfunden. Ein Shitstorm ist in sozialen Netzwerken schnell entfacht, der wirtschaftliche Schaden mühsam wiedergutzumachen.

Trends

Content

2013 werden nach Ansicht der Branche die Inhalte immer wichtiger. Man setzt vermehrt auf Content-

Marketing und damit die Erzeugung und Verbreitung von so genannten Owned Media. Dies hebt auch eine Studie von McKinsey mit dem Zeitschriftenverband VDZ hervor. Die Werbebranche ist daher auf der Suche nach guten Textern für Storytelling. (8), (9), (10)

Mobile

Dem Trend zum Internetbesuch über ein mobiles Gerät, also Smartphone oder Tablet, müssen auch die sozialen Netzwerke gerecht werden. Doch wie funktioniert Werbung auf den kleinen Displays? Diese kritische Frage muss sich vor allem Facebook als derzeit größtem sozialem Netzwerk gefallen lassen. Bis Mark Zuckerberg mit der Vorlage der Geschäftszahlen im dritten Quartal 2012 Skeptiker und Analysten eines Besseren belehrte: Der mobile Umsatz schnellte im Vergleich zum Vorquartal von 50 auf 150 Millionen Dollar hoch und machte fast 15 Prozent vom Gesamtumsatz aus. Die Werbebranche ist aufgefordert, passende Werbeformate in Social Media zu entwickeln, um die Zielgruppe im mobilen Web zu erreichen - ohne sie zu verärgern. Das ist nicht einfach, denn die Nutzer akzeptieren Werbung auf dem Handy noch weniger als im stationären Web. (22), (1)

Fallbeispiele

Monopoly: Spielwarenhersteller Hasbro setzt für seinen Brettspiel-Klassiker Monopoly auf eine Crowdsourcing-Kampagne auf Facebook, um sein Markenimage zu verjüngen und den Abverkauf des Spiels anzukurbeln. (23)

Barbie: Auch Barbie- und Ken-Hersteller Mattel bespielt Social Media, um auf Barbie aufmerksam zu machen. Barbie zieht um heißt die neue Kampagne. (24)

Bionade: Der Getränkehersteller Bionade will mit einer neuen Bionade Cola seinen Umsatz ankurbeln. Man darf gespannt sein, obs klappt, denn in den Social Media fällt das Urteil sehr gemischt aus. (25)

Microsoft: Der Softwaregigant nutzt Social Media als Informationsquelle, wie über das Unternehmen diskutiert wird, misst ihnen aber als Werbekanal keine Bedeutung zu. (26)

Bahlsen: Der Diebstahl des goldenen Bahlsen-Kekses durch mittlerweile bekennende, wenn auch nicht reuige Krümelmonster im Januar entwickelte sich - ungewollt - zum höchst erfolgreichen Marketing-Coup, der auf den diversen Social Media-Kanälen heiß diskutiert wurde. Einzelne Berichte auf Spiegel Online und Bild.de waren mehr als 40 000-Mal auf

Facebook geteilt worden. Mit der nächsten Veröffentlichung der Geschäftszahlen werden wir erfahren, wie sich das alles in Cash für Bahlsen ausgezahlt hat. (27)

Reisebranche: Die Reiseindustrie hat früh auf die interaktiven Entwicklungen im Internet reagiert mit Social Commerce, Booking-Plattformen und Bewertungsportalen. Nächster Schritt: Die Vernetzung von Social und Mobile unterwegs soll den Umsatz in Hotels und Restaurants ankurbeln. Schlafen und Essen mit bester Empfehlung. (28)

Heineken: Mit seinem Star Player zeigt Heineken, wie der Zuschauer eines Fußballspiels eine werbewirksame customer journey absolviert. (5)

Nordstrom: Der amerikanische Versender weitete seine Kundenbasis via Pinterest nach Europa aus. (2)

Pizza Hut: Das Filialunternehmen der Gastronomie nutzt ein standortbezogenes Netzwerk, um Hungrige mit Rabatten zu sich zu locken. (2)

Metro: Das Handelshaus nutzt Social Media auf der Corporate-Ebene, um sein Qualitätsimage bei Hotels, Restaurants und Caterern zu steigern und unterstützt das durch differenzierte Aktionen in Facebook, auf YouTube, in seinem Metro-Genussblog, durch Crowdsourcing und Newsletter. (29)

Oreos: Als Vorbild in Sachen Kundendialog und

Echtzeitmarketing gilt die Reaktion des Keksherstellers auf Twitter beim Stromausfall während des Super Bowls. (30)

H&M: Der Kleidungshändler konnte durch die Einbindung von Google+ in seine Werbeaktivitäten mit Google seine Klickrate um 22 Prozent steigern. Sein Ansatz bei Google+ ist darauf ausgerichtet, aus Social Media realen Social Commerce zu generieren. (31)

Kircher Burkhardt: Präsentierte sich kürzlich als Experte für narrative Markenführung, will den Umsatz bis 2015 verdoppeln und vertritt die Ansicht, dass in digitalen Kanälen, also auch in Social Media klassische Werbung nicht richtig funktioniere, redaktionelle Inhalte aber sehr wohl. (8)

Zahlen & Fakten

Facebook

- eine Milliarde User weltweit, davon 24 Millionen User in Deutschland
- durchschnittlich ergeben sich neun Prozent Fanzuwachs für Markenartikler pro Monat über Facebook-Werbung (12)
- Facebook-Anzeigen besitzen eine 14 Mal höhere

Interaktionsrate als herkömmliche Onlinewerbeanzeigen (12)
- Facebook hat im deutschen Online-Werbemarkt im vergangenen Jahr geschätzte 70 Millionen Euro umgesetzt. (1)
- die globalen Werbeeinnahmen werden auf 4,2 Milliarden geschätzt (1)

Twitter

- rund 500 Millionen regelmäßige Nutzer weltweit, davon 2,4 Millionen regelmäßig mindestens einmal im Monat
- 825 000 User in Deutschland, die regelmäßig einmal wöchentlich wittern (12)
- Werbeumsätze haben sich von knapp 140 Millionen Dollar in 2011 auf knapp 260 Millionen Dollar verdoppelt, davon wurden 96 Prozent im Heimatland USA erwirtschaftet.
- bis 2014 wird mit Anzeigenerlösen von 810 Millionen Dollar gerechnet (12)

Pinterest

- etwa eine Million deutsche User
- 83,9 Prozent der User pinnen eigene Boards, 15,5 Prozent "liken" Beiträge Dritter, 0,6 Prozent kommentieren das Gesehene.
- Pinterest-Ranking: Apple, H&M, Zalando,

Tchibo, Amazon (Searchmetrics) (12)

Abbildung 1: Meinung zur Bedeutung von Facebook im Werbemarkt 2012

Antwort*	Trifft eher zu in Prozent	nicht zu
Facebook hat fast eine Milliarde Mitglieder. Die Zahl wird weiter wachsen und Facebook noch unumgänglicher machen.	52	48
Die Bedeutung von Facebook wird und bleibt in Werbe- und Marketing-Kreisen überschätzt.	80	20
Facebook wird es bald gelingen, überzeugende Erlösmodelle zu präsentieren und seine hohe Bewertung zu rechtfertigen.	14	87
Facebook hat im Hinblick auf die Nutzung einen unerreichbaren Vorsprung und kann die Schwächephase leicht überbrücken	49	51

* Frage: Facebook bleibt nach seinem Börsengang weiter im Gespräch. Ihre Einschätzung?
Basis: Insgesamt 54 Befragte. (Differenzen durch Rundung)

Quelle: W&V Werbe-Index

Entnommen aus: Werben und Verkaufen, 40/2012, S. 20 (32)

Weiterführende Literatur

(1) Mr. Facebook nimmt Agenturen in die Pflicht
aus werben & verkaufen Nr. 03 vom 14.01.2013, S. 42 - 45

(2) Nicht jeder Fan ist auch Käufer
aus acquisa, Vol. 56, Heft 10/2012, S. 44-45

(3) HORIZONT-Umfrage zum ROI: Welche Medien am besten arbeiten
aus horizont.net vom 17.01.2013

(4) Kenner des perfekten Umfelds
aus Horizont 06 vom 07.02.2013 Seite 022 bis 023

(5) CRM 2.0: Mehr Technik, mehr Inhalte
aus werben & verkaufen Nr. 07 vom 11.02.2013, S. 32 - 34

(6) Entscheidungswege der Konsumenten
aus werben & verkaufen Nr. 07 vom 11.02.2013, S. 22 -

(7) Auf Augenhöhe mit d em Kunden
aus LEAD digital Nr. 03 vom 06.02.2013, S. 48 - 49

(8) Sprung ins Ungewisse
aus Horizont 46 vom 15.11.2012 Seite 023

(9) „Wer online etwas erreichen will, braucht Storytelling"
aus Horizont 06 vom 07.02.2013 Seite 011

(10) Im Visier: Tweeting Talents
aus werben & verkaufen Nr. 06 vom 04.02.2013, S. 43

(11) Ernährungsindustrie hat auf Facebook Nachholbedarf
aus Lebensmittel Zeitung 43 vom 26.10.2012 Seite 075

(12) AdCoach WerbeTrend Radar 2013: Teil 2 | Social Media Trends
aus AdCoach WerbeTrend 01/2013

(13) Facebooks Wunderwaffe ist noch im Trockendock
aus werben & verkaufen Nr. 04 vom 21.01.2013, S. 10

(14) Wie Facebook künftig Kasse machen kann
aus LEAD digital Nr. 03 vom 06.02.2013, S. 30 - 31

(15) HORIZONT-Umfrage: Das erwarten die Mediaagentur-Chefs für 2013
aus horizont.net vom 15.01.2013

(16) Pinterest: Katalog der Wunschträume

aus Lebensmittel Zeitung 46 vom 16.11.2012 Beilage etailment map 01 Seite S58 bis S59

(17) Wertsteigerung
aus LEAD digital Nr. 03 vom 06.02.2013, S. 10

(18) Beschleunigter Einkauf
aus Lebensmittel Zeitung 46 vom 16.11.2012 Beilage etailment map 01 Seite S61

(19) Der Werkzeugkasten für das Social Web
aus werben & verkaufen Nr. 03 vom 14.01.2013, S. 17 - 18

(20) Ein Navigatordurch den Strom der Streams
aus werben & verkaufen Nr. 04 vom 21.01.2013, S. 28 - 29

(21) Die Social-Web-Performance fest im Blick
aus werben & verkaufen Nr. 05 vom 28.01.2013, S. 20 - 21

(22) Mark Zuckerbergs blaues Wunder
aus manager-magazin.de vom 30.01.2013

(23) Hund oder Katze: Hasbro startet "Save your token"-Kampagne für Monopoly
aus horizont.net vom 11.01.2013

(24) Barbie verkauft ihr Haus
aus Der Kontakter Nr. 07 vom 14.02.2013, S. 6

(25) Nur eine "Shitbrise": Bionade Cola polarisiert im Social Web

aus W&V Online-Magazin vom 15.02.2013

(26) „Social Media ist kein Werbekanal"
aus Horizont 1-2 vom 10.01.2013 Seite 018

(27) "Krümelmonster" "schenkt" Bahlsen 1,7 Millionen Euro
aus W&V Online-Magazin vom 13.02.2013

(28) Auch im Urlaub : "Mind the Web"
aus LEAD digital Nr. 03 vom 06.02.2013, S. 28 - 29

(29) Serie
aus Der Kontakter Nr. 06 vom 07.02.2013, S. 20 - 21

(30) WERBUNG ZUM WOCHENENDE: Die drei wichtigsten Spielzüge in den Werbeblöcken des Super Bowl
aus horizont.net vom 08.02.2013

(31) „Thema weit verfehlt"
aus Horizont 05 vom 31.01.2013 Seite 016

(32) D: Meinung zur Entwicklung des Marketingmarktes 2012
aus Werben und Verkaufen, 40/2012, S. 20

Impressum

Social Media Marketing - Aus Fans, Friends und Followern Kunden machen

Bibliografische Information der deutschen Nationalbibliothek

Die Deutsche Nationalbibliothek verzeichnet diese Publikation in der deutschen Nationalbibliografie; detaillierte bibliografische Daten sind im Internet über http://dnb.d-nb.de abrufbar.

ISBN: 978-3-7379-2569-3

© 2015 GBI-Genios Deutsche Wirtschaftsdatenbank GmbH, Freischützstraße 96, 81927 München, www.genios.de

Alle Rechte vorbehalten. Dieses Werk ist einschließlich aller seiner Teile – z.B. Texte, Tabellen und Grafiken - urheberrechtlich geschützt. Jede Verwertung außerhalb der Grenzen des Urheberrechtsgesetzes bedarf der vorherigen Zustimmung des Verlags. Dies gilt insbesondere auch für auszugsweise Nachdrucke, fotomechanische

Vervielfältigungen (Fotokopie/Mikroskopie), Übersetzungen, Auswertungen durch Datenbanken oder ähnliche Einrichtungen und die Einspeicherung und Verarbeitung in elektronischen Systemen.